小資族如何簡單買保險

易學、易懂、不吃虧的投保技巧大公開

劉鳳和——著

文經社

一位無私無我，好的保險業務員所具備的條件

除了基本的專業知識之外，
人生悲、歡、離、合、生、老、病、死、殘的閱歷，
更是不可或缺的因素。
要將客戶的痛視同我的痛，
客戶的悲也視同我的悲，
客戶辛苦賺的錢也視同我的錢。
這樣才能感同身受的替客戶們著想。

目次

作者序

買保險比你想的還簡單

大概在我寫完第五本著作之後，原本覺得關於保險的議題，都講得差不多了。但之後，發現一個更大的問題，讓我決定寫下這本書。

這個問題就是有很多朋友，不管是保戶或非保戶，在看完我的著作之後，會開始非常認真做功課，在網路上閱讀了許多保險相關文章、或同類型的書籍，甚至諮詢認識的保險從業人員。

結果不作功課還好，一作下去，就沒完沒了，看越多、聽越多，就越覺得複雜、越混亂，越霧剎剎。怎麼辦呢？到最後還是得親自來找我諮詢，重新建立起清楚的概念、整理自己的保險規劃。

所以，我想再一次整理、更新我的保險觀念和主張，並且用更簡明扼要的方式表達，讓大家知道：

其實買保險是很簡單的事情！

因此，這本書的書寫方向就是朝簡單化的方式告訴客戶，哪些保險不該買、哪些保險應該要有。之前，我在很多場合都講過，我們人一生一定要有的三個險種：一是意外險、二是癌症險、三是壽險。

這三種一定要買，而且一定要買得很高，你的人生才真正的有保障。再來，我也建議讀者需要存錢去投資。買房子、買基金……等等其他管道的保值投資。也就是說，保值型的投資也是一種保險金。

把保險買到夠了，而投資也穩定保值了，那麼你的後半輩子，七十歲、八十歲以後，就不用太擔心日子該怎麼過。所以，直接挑明的講，在這本書裡面，我要教大家的就是：我們一生大概只要買三種保險就可以了。

這時候，當然會有很多的讀者朋友要問了，那醫療險呢？長期照顧險呢？長期看護呢？殘障險呢？重大傷病險呢？實支實付險呢……等這些市面上各式各樣的險種，怎麼辦？

我還是那句老話，當你買夠三大基本的險種之後，再存錢去做保值型的投資；待這兩個動作都完成，接下來才考慮購買其他的保險。甚至於，若你已有買了一年期的壽險，如用另個角度思考也可以把它當做醫療險來用。

這本書最主要的目的，就是讓保險簡單化。大家平常生活忙碌，在沒有太多空閒的時間下，通常都對保險規劃有些不解和排斥，我希望能做到不讓大家對保險產生迷惑感。除此之外，還有一個重要的觀念，我也希望傳達給大家的是：

我們買保險要「低保費、高保障」，更必須「理賠明確」！

把所有複雜的問題、複雜的險種統統化繁為簡、清楚明瞭，對大家絕對有好處的。

謝謝大家！

1

花大錢，當保險奴，你就虧很大

其實說到保險，它真的是一件很簡單的金融商品，而我在這裡所說的是「純保險」，一點都不難懂。但是讀者或者是一般的保戶，有多少人是真正瞭解保險的內容之後，才購買的呢？其實，若能將保險回歸到「純保險」，保險真的很簡單。它最主要的功用，就是花小錢買到足夠保障。

認清保費高、保障低的保險商品

我相信有很多的讀者在開始要買保險時，也都有相同的想法：只想要用一點點的錢就能買到足夠的保障，萬一家人生病或遭逢意外而導致身殘，甚至不幸往生時，能有一大筆的理賠金，照顧這個失親的家庭，不用煩惱短期的生活家計。

這個觀念說起來簡單，沒有人會聽不懂，但當買保險的時候，碰到所有的業務員卻都不是這麼說，都把保險商品說得天花亂墜，什麼「保證領回」、「保證富足一生」、「保證還本」、「不用花錢」……等，這些保險商品不管名稱多麼令人眼花瞭亂，但有個共同的特點——保費很高、保障很少。

而這些可憐的讀者保戶朋友，好像也不曉得該怎樣去探討其中不對勁的地方，不知不覺被業務員洗腦，也沒有辦法去回絕他不需要的保險商品，只好默默的接受一些高保費、低保障，不恰當的保險商品。

買保險跟買房子一樣要慎重

通常我們在買房子的時候，都會精挑細選，會觀察交通動線，會注意屋子結構、地理環境、屋齡，還有左右鄰居，小心翼翼的。買一棟房子都可以如此細心，可是買保險時，卻容易被業務員的搧動而輕易簽下合約。

我經常碰到這樣的狀況，在一個家庭裡，先生的醫療保險是向某甲業務員買的，一萬多元的保費剛開始感覺還不怎麼樣，再和太太一起買，或許二、三萬元也還能夠負擔。但改天想想，小孩子是不是也需要買一點，於是又加上小孩子，那就變成了三個人、四個人的保費越買越多……。

景氣好的時候都不會有太大的問題，景氣不好的時候怎麼辦？一年繳三十萬元，它是一個大數目喔！最近幾年不景氣，可能你的收入也減少許多，無法再繳那麼高額的保險費，於是繳到一半，決定不繳了，可是此時的你可能正要邁入中年，身體開始老化，正需要用到保險的時候，你卻喊卡，倒楣的是自己。

買對保險哪有那麼難？

我再一次要強調，保險是一個非常簡單的東西，但是買保險時千萬要掌握最關鍵的一點：保險並不能幫助你賺大錢，什麼投資型保單、儲蓄型保單、領一輩子啦……等等這種話術，都是很不切實際的。只需要花一點點的錢去買足夠的保障，這樣也不會影響到你的生活品質。

保險最大的功能是：一旦發生風險的時候，能夠彌補家庭十年至二十年穩定的生活，記住！它的保費只要一點點，也一定是薪水階級可以負擔得起。

買保險不要貪心，財富是一點一滴累積下來的。只要買對保險，花少部分的錢去買很高的保障，這樣子我們就能夠心安。而養老金、兒女的教育金要靠別的理財管道來規劃，這樣反而可以達到你想要的理財成效。

2

大部分的人都買錯保險了！

從事保險工作這麼多年，我一直認為對成千上萬的保戶來說，「買對保險」是一件非常重要的事，卻又是最困難的事。

目前，幾乎有85％以上的人在買保險時，都是「靠人情」，剩下的15％也是不完全瞭解保險意義，盲人摸象的買了一些不合時宜的產品；而保險公司為了業績掛帥，銷售一些保費很高、保障很低的險種。長久下來，造成台灣消費者在購買保險時的一個非常奇特的現象：保費繳了很多，可是保障卻少得可憐。當然，衍生出來的問題也就自然而然多了起來。

因此，在購買保險前，我們最好避開常犯的盲點，免得在遇到事故發生、需要理賠時，才發現問題所在。我們必須先破除常見的保險迷思，才能讓保險發揮最大的功能。

因為人情而買保險

不少人買保險都是因為親朋好友在拉保險，基於交情而不得不買。此時，往往只能以預算做為考量。向熟人買保險不是不好，只是在購買時，仍必須瞭解商品的特性、風險及保障的多寡，而非盲目購買。

不瞭解保單內容

大部分的理賠糾紛，都是因為業務員在推銷保險時，沒有仔細說明該項保險商品的特性，或者是對某些爭議性的內容故意避而不談，而消費者也沒有時間和耐性，好好去閱讀保險的條文，一旦需要理賠時才發現，與自己所想的內容落差太大。

保險動機不明

很多人不清楚自己為什麼需要買保險、買多少保險，只是認為「有買有保障」，未詳細評估個人的需求，結果往往買了不適合自己的保單。

未評估經濟狀況

保費一繳就是十幾、二十年，必須按時繳費，一旦中途停止，保障隨即終止。所以在買保險時，一定要先考量本身的經濟狀況，過重的保費容易使繳費中斷，甚至影響生活品質。

重儲蓄輕保障

很多人買保險，保費繳了很多，保障卻很少，在歐美等保險觀念成熟的國家，消費者清楚知道「保險歸保險，儲蓄歸儲蓄，投資歸投資」。

3

在購買保險時，應該要注意的事

或許是因為台灣人非常重視人情，也相信自己的親戚朋友，尤其是在購買保險的時候，只要親戚朋友介紹什麼樣的產品，幾乎都是全盤的接受。幾年下來，其實自己也不知道買些什麼樣的產品。

在花了很多錢購買保險之前，首先要思考，保險的內容是不是真的符合你的需求。

買保險前一定要先做功課

我發現有一些聰明的客戶，在為全家購買保險之前，會先做些功課，上網、買書、找人諮詢……等，學習一些保險的基本知識，看看家裡的人到底適合哪些產品，最起碼不會被業務員牽著鼻子走。

其實要瞭解所有保險商品，並不會太困難，最簡單的方式就是自己下海當三個月的保險業務員；另外一種方式就是多問多看，現在網路發達，找資訊真的容易許多。

對於保險的基礎常識有一定瞭解之後，再不時從各種媒體尋求新資訊；如此一來，每個人在購買保險時，就會非常客觀，也會非常冷靜去購買自己所需要的產品。

如果我們真的想好好的規劃全家人或個人的保險，那麼一定要花一番時間和功夫，自己做功課。因為我們要繳一大筆錢給保險公司，而這些錢都是辛苦賺來的，絕對要認真去瞭解一點基本的保險常識。

更何況，保險這種事，是從我們一出生那天開始，就隨時隨地影響我們，也是我們這輩子很重要的生活支柱，絕對不能輕易忽視。

抓好「保險雙十理論」

在購買保險的時候，一定要記住：

1. 全家最高的保費上限不要超過薪水的十分之一。
2. 保險的保障不可以低於薪水的十倍。

這就是非常簡單的「保險雙十」。

為什麼保費的上限不要超過家庭收入的十分之一呢？其實，只要精算一下，就會知道了。

以一家四口為例，若夫婦兩人都有工作收入，薪水就算是六萬多到七萬好了，然後房子不管是租或買，每個月都會有一筆一萬五千至兩萬出頭的房貸或租金支出，再加上平常的生活開銷、孩子的保姆或教育費，零零總總加起來，大約就用去了總收入的百分之七、八十，若是此時保費高於收入的十分之一，那個家庭根本沒有閒錢可以存下來，或用來休閒、娛樂……等。

而保險的保障不能低於薪水的十倍，這個原則更是容易理解。我們買保險就是為了保障自己和全家人未來的生活無虞，所以保障越高當然越好，尤其是天有不測風雲，如果自己發生什麼意外或重大傷殘疾病時，若能有份大於自己收入保障，那就能支撐全家走過谷底。

當下的生活是最重要，也是每個人要最在乎的。如果辛苦了許多年，揹了很重的保險和房貸，一樣沒有很好的保障，生活會更加沒有動力的。所以在買保險的時候，千萬要注意到「保險雙十理論」，這樣不僅生活過得非常愉快，也不會給自己太大的壓力。

善用十天的保險猶豫期，不滿意可以取消

根據人壽保險單規定，所有的人壽保險都有一個長達十天的猶豫期。也就是在買了保險之後，我們會有十天的猶豫冷靜時間，這當中如果覺得買了不適合的保險，而想反悔要撤消保單，保險公司不能拒絕，而且會全額退費。

我的建議是可以用書面檢同保險單，親自或掛號向保險公司申請撤銷投保的保單。不過要注意的是，如果在猶豫期發生了任何意外事故，要保人當然不會棄撤，此保單則仍視為保險生效。

BOX

小資買保險：錢要花在刀口上

現在台灣的經濟景氣持續低迷，因此每一分錢都要好好利用。買保險也有一些便宜的撇步，可以幫你看緊自己的荷包。

第一招：價格比一比。產險公司提供的意外險，保費都比壽險公司便宜許多。同樣的保費，理賠金可能可以多一倍喔！

第二招：簡單就好。買保險不用多，只要買對幾個重要純保險，如：意外險、癌症險、壽險等。

第三招：可以搭順風車。企業都會幫員工投保「團體保險」，保費較便宜，可以多利用加入團保，把保障提高。

第四招：把錢花在刀口上。如果你是開車族，建議把「第三人責任險」的額度提高，別花大錢去買全險，一旦出事，有用的也只有「第三人責任險」。

第五招：保險夠用就好。如果預算有限，更要瞭解「低保費，高保障，理賠明確」的險種。

4

如何選擇保險公司？

很多準備購買保險的朋友，都會到處打聽、詢問：哪一家的保險公司比較好？你若問我，我會告訴你這沒有一定的答案。

我個人其實比較傾向與剛成立不久的保險公司購買保險，因為保費比較有彈性、同樣的險種和保障，保費也會比較便宜一些。當然，以上所言的，都是建立在這家保險公司的財務狀況要非常健全。

為什麼我並不喜歡向外商或是大型的保險公司買保險呢？

外商公司真的好嗎？

先來談談外商公司。很多年輕族群在購買保險時，比較會考慮購買外商公司的保險商品，認為它「比較穩當」、「不會倒」，以為在台灣的公司出事了，國外的母公司絕對會支援台灣的子公司，所以買起來比較安心。

但是，實際上，目前坊間真正屬於外商分公司的保險業者，用五根指頭就數得出來，選擇真的不多；而且世上沒有不會倒的保險公司或銀行的。更有一些所謂的外商公司其實早已非母公司管轄，而是獨立執行業務或賣給本土的財團了。

反觀很多本土的保險公司，因為在台灣有太多的其他關係企業，所以在經營保險市場時，也會和外商公司一樣用心，重視企業形象，在本土的保險市場占有一席之地。

大型保險公司的缺點

那大型的保險公司又有什麼缺點呢？其實主要是「利差損」的問題。成立越久的保險公司，因為客戶群眾多，之前保證客戶的獲利很多都是在5％以上，而自從二〇〇〇年我國定存利率下降了三到四個百分點之後，這些保單對保險公司來說，就是一個很大的利息損失，也是個沉重的壓力，保險公司的獲利也就跟著吃緊。

舉例來說，以前的定存利率如果是6％，而現在的定存利率早已跌到1％，這一來一往之間，就有5％的損失。那麼換做保險公司的終身型客戶，若他投保了二十年，那就會產生將近100％的差距。光看數字就覺得恐怖，若客戶群越多，那保險公司要承擔的財務壓力就越大。

如果你有印象的話，在日本和台灣相繼經濟泡沫化的時候，就有不少家日、台的保險公司發生財務吃緊，甚至倒閉的狀況，這大都是因為「利差損」的關係。

所以在購買保單時，我會比較偏愛較新成立的保險公司，因為它在利差損的問題及客戶群壓力上，都穩當許多，風險也較小。

選擇保險公司的要點

雖然很多人決定投保的關鍵可能是因為業務員的熱誠服務，但是保險商品是長期保障、投資的東西，當然要找到可以提供終身服務的保險公司。以下是幾個挑選保險公司的訣竅，無論是本土或外商公司都能適用：

1. **財務穩健**：該公司的營運數據和營運概況是否正常，最近有沒有負面消息傳出，或是老闆要易主的傳聞。
2. **信譽良好**：該公司是否長期注重經營形象，在業界中是否有良好口碑。
3. **業務員的素質良好**：觀察跟你接觸的保險業務員，其專業度、服務態度、是否經過完善的訓練，對所提供的商品是否都能清楚瞭解，會不會誇大保障範圍？

4.**重視客戶服務**：對客戶所提出的疑問，是否能完整清楚答覆。而不是一直推給別的部門處理。

5.**理賠迅速**：注意該公司過去的理賠糾紛多不多、理賠的速度快不快、會不會刻意刁難。

購買保險時請勿心急，多花些時間仔細比較、打聽一下該保險公司的口碑如何，事前做足功課，不要怕麻煩，一個人一輩子也就買個一、二張保單，睜大眼睛仔細挑選，準沒錯。

BOX

九成的保單都會變成「孤兒保單」

很多業務員在跟你推銷保險時，他都會講得很好聽，比如說：「我會服務你一輩子」、「有事情時儘管找我，我會隨叫隨到」，我相信這些話很多人都聽過，但實際上呢？好像簽了保單之後，保險業務員往往就突然消失了。當然也不是全部的業務員都是如此，但這真的是一個很普遍的現象。

不過，從保單的性質來說，以一個二十年期的保單，很少業務員會在二十年都沒有異動，都待在同家公司服務；還有很多兒童保單，爸媽從小孩零歲時就幫小朋友投保，到了小孩長大成人時，那個業務員大概也有五、六十歲了吧，可能早已經退休去了。這是很難避免的問題。

我建議可以做個保險筆記，記下自己每家保單的投保重點、請領方式，就附在保單裡，這樣到時候有需要時就可一目瞭然，不論原先的業務員是否離職，你對自己的保單有充分的瞭解，就沒在怕。

如果能對保險有正確的基本認識，那所有的保單都不是孤兒保單，而是一輩子有效的保單。

5

人生中一定要買的三大保險

每個人都希望用最少的錢買到最高的保障，這是我一直以來所提倡的保險精神，以及銷售保險的原則。就如我在前言中說所的，不管你是成家立業、家中的主要經濟支柱，或是有經濟基礎的不婚族，還是剛出社會的小資女、小資男，都一定要先買三種保險：意外險、癌症險和壽險。

意外險

意外險的定義在保單條款中寫得很清楚，就是：非「疾病」引起的，並且需要有「外來、突發」的因素，才能構成意外險理賠的要件。以上的文字看起來非常簡單，也非常清楚。

在實例上，是不是「疾病」、有沒有「外來、突發」的因素，都是造成意外險理賠的重要依據。但是也有除外不賠的狀況，舉例來說，許多人都知道酒後駕車是非常危險的事，卻不知道在意外保險理賠上也是非常關鍵的要件。

在交通道路法規中，酒測值超過〇．一五，就算是違規酒駕。同樣的，保險公司也依據這樣的規定，若是酒駕時發生意外，酒測值超過標準值就不理賠。常應酬的朋友都知道，一瓶啤酒下肚，酒測就已超過這個標準，更不用說是高粱、紅酒、威士忌……等之類的酒精濃度比啤酒來得高上許多的飲料。

所以要是因為自己酒駕而發生的意外，保險公司可是不需要理賠的。

癌症險

根據行政院衛生署的調查統計，國人罹患癌症比例逐年攀升，而且數字很驚人；也因此，癌症險越來越多人重視。癌症險的保費在眾多險種中，算是較便宜的一種，僅次於意外險。但，各家保險公司的理賠條件不一，所以不能光用保費來評斷，必須視所購買的內容評估是否合宜。

其實，我認為不管向哪家保險公司購買癌症險。有三個要點一定要注意：

1.初次罹患癌症，理賠金要越高越好！

一旦身體發現癌細胞時，就必須開始進行治療，可能會有部分的醫藥費要自付，或是一些特殊藥品是健保不給付的項目，這時癌症險中的初次罹癌理賠金就很重要了，它是拿來救命的。

2.癌症住院理賠金每日至少五千元起跳。

當你罹癌有必要住院時，若住院理賠金能有一日五千元，那麼就可以住到個人房，不用和別人同擠一間病房，心情自然好上許多，對治療效果也有好處。值得一提的是，大家在買癌症險時常有一個通病，那就是認為已經保了癌症險，一個單位就夠，不用太多；這樣只是保心安而已，並不能得到足夠的保障。

3.癌症身故理賠金讓家人無後顧之憂。

癌症身故保險金是給罹患癌症者往生之後，給保戶家人的理賠金。倘若我們花了很多錢，仍救不回自己的生命，這時有一筆龐大的理賠金，可以留給家人及孩子，作為日後生活所需，讓家人較無後顧之憂。

定期壽險

第三個一定要購買的保險是定期壽險。很多年輕人會認為買壽險買太多、負擔很重，而且是身故時給家人用的，自己用不到，所以買得少。其實壽險不一定要買終身型的，因為終身型的壽險比定期型的壽險要來得貴上許多；如果再加上要購買五百萬到一千萬的保障的話，對年輕人來說一定吃不消。所以我建議可以買定期的人壽保險。

為什麼要買定期的壽險呢？一來是因為定期的較終身型便宜許多，二來它的靈活運用度也高（在後面的章節〈爭議小、保障完整的「一年期壽險」〉我會再加敘述。另外，你還可以在公司的團體保險中，和老闆商量由自己付費，增加自己的定期壽險額度，這樣子保費不但便宜了，保障也能提高許多。

BOX

我的保險都買錯了要如何處理

這真是很棘手的問題，如果已經繳了很多年，那就繼續忍痛繳下去！

我認為繳了很多年的，不管哪一種的商品，都不建議解約或變更。如果真的沒錢繳保險費，建議也可以先向保險公司貸款（年利率約 4% 至 7%）來繳，但一定要先算算看划不划算？

如果真的因為繳費太多時，保單有解約金的險種，可使用下列三種方法。以下三個變更契約的方法，大前提是你的身體狀況要很健康，免得一旦有所變動後，又發生理賠事故，新投保的可能一毛錢都賠不到，那就虧更大了！

		有解約金的險種（亦稱現金價值） 例如：儲蓄險、終身壽
方法1	解約	不必再繳保險費，拿回解約金，保單終止
方法2	減額繳清	1. 不必再繳保險費，本契約繼續有效。 2. 保險期限維持不變。 3. 其給付條件與原契約同，但保險金額縮減。
方法3	展期成定期險	1. 不必再繳保險費，本契約繼續有效 2. 保額不變，但是保險期限改成定期險

6

第一選項也是最平民化的——純意外險

意外險是所有的保險裡面，最基本的險種之一；也是大家接受度最高的一種保險。建議在購買保險之前，一定要先看看自己的額度買夠沒（機車族最少五百萬以上）。意外險的保費很平民，保障卻很高。理賠內容是身故或殘廢（按殘廢等級表）時，保險公司就會理賠一大筆固定的金額。

因意外而造成身故，是一件非常不幸的事；但更可怕的是發生殘廢時。因為有些殘廢會喪失工作的能力、行動的能力，甚至包括生活起居的能力。這時候就需要一筆大的金錢，協助未來十年，甚至更久的生活開銷。因此，在投保意外險時，除了要注意身故的額度，更不應該忘記它還有理賠殘廢的功能。

我呼籲大家意外險的額度，一定要買到非常的高，最起碼要五百萬到一千萬元以上。因為我們強調高保障才叫做保險，百萬以上甚至千萬以上，才是保險的真正意義。

同樣的險種，產險、壽險大不同

近年來，產物保險公司也可以銷售意外險，再加上原本的壽險公司也在賣意外險。兩者有何差別呢？

基本上，保障內容是一樣的。產物保險的保費相較於壽險公司，幾乎便宜一半左右；也就是說壽險公司一百萬的保費，大約要一千二百至一千五百元，而產險公司的保費卻只要六、七百元。所以，當我們用同樣的錢在壽險公司買到一百萬元保障，在產險公司卻可以買到將近二百萬（以上是職業第一類以及第二類的保費）。

當然我們沒有發生理賠的時候，所繳出去的保費都是一樣，可是一旦發生狀況需要理賠時，一家只理賠一百萬，而另一家公司卻可以賠到二百萬。聰明的讀者應該知道該怎麼樣選擇了！

現在市面上很少看到產險公司銷售單純保障型的意外險，為什麼呢？因為如果單純銷售死、殘的意外險，一百萬的保費大約只要六、七百元左右（第一類、第二類的職業），保費是非常的低（佣金也低）。如果五百萬左右的額度保費，也只要三千五百元左右；而壽險公司五百萬的保費，大概需要六千至七千元。

所以，產險公司就會增加許多其他附約。例如：搭乘大眾運輸工具或火災、燒燙傷、乘坐電梯（增額理賠）等等。同時也強迫套裝一些意外醫療、意外住院、意外住進加護病房……等等項目。這樣就會把保費一點一點的加總上去，雖看似功能比較完整些，但也會壓縮死、殘的理賠金額。

用少少的錢買到最大的保障

我在這提醒一下，我們買保險最重要的是，要買到大金額的理賠金。至於，有沒有意外醫療三萬（按收據實支實付）、有沒有意外住院（一千元／日）理賠……等，這些小的理賠就不是那麼樣的重要了。

因為它的理賠大概就只有幾百到幾萬元左右，我們沒有這筆錢，日子一樣可以過得過去。重要的是，如果發生大意外的時候（身故或殘廢），一定要有一筆巨大的金額，才對我們未來二、三十年的日子有所幫助。

我有一位在科學園區上班女保戶（公司團保戶，公司替員工每人僅投保一百萬意外險）中午幫大家外出買便當時，可能是因為便當太多了，導致騎機車載運時重心不穩，不小心偏向馬路左邊摔倒，剛好後面一台大貨車直接撞上，造成她的脊椎嚴重受損。

這位女生二十三歲，當我去醫院探視她的時候，人已經癱瘓躺在床上，除了眼睛、嘴巴可以活動之外，頸部以下完全無法正常的運作。如果她自己買的意外險可以理賠大金額的保險金，最起碼可以讓她維持二十年到三十年的生活無虞；如果她買的額度不夠，甚至沒買，那麼下半輩子可怎麼辦？（公司的團保僅有區區的一百萬。）

最需要意外險的族群

在保費相對便宜之下，希望大家買意外險時務必將它列為第一選項。根據個人二十年的保險經驗，機車族朋友是我碰到所有的行為，最最最危險的一個族群！每年至少都有五到二十位的理賠件發生。其他行業的理賠機率反而不比機車族來得高。所以真誠的奉勸有騎機車的朋友，一定都要買到五百萬元以上的意外險。萬一不幸那天來臨的時候，它將會是一個非常大的助力。

BOX

純意外險參考

項目	保險金	
一般意外身故/殘廢	300萬	500萬
重大燒燙傷	100萬	100萬
大眾運輸工具(增額)	600萬	1000萬
保費 職業1～2類 年繳保費	21**元	34**元

※意外險定義：非疾病所引起的。且有外來的、突發的原因，我們就稱之為意外。(如：車禍、摔跤、天災、被打、墜機、火災、運動、遊玩……)

7

低保費＋高保障：保證續保的一年期癌症險

癌症險在台灣，投保的人數相當多，但每人買的內容、理賠的金額，都不是非常高。而且近年來由於癌症險的保費越來越貴，大家在投保時，可能因此只買一、二個單位。這是因為業務員銷售給大家的，大都是要繳費二十年終身型的癌症險。它一個單位動輒就要三千到五千元，若是要買很高的單位，保費將是一個沉重的負擔。

癌症險一定要買足

我個人建議，癌症險買的單位要越多越好，就好像意外險一樣。可是繳二十年終身型的癌症險，如果買五至六個單位，一個人的保費動輒就二、三萬元，全家四口人，保費就多達十萬左右，確實是筆不小的開銷。

癌症險目前在市面上，產險公司及壽險公司都有在賣，要選擇跟壽險公司買，還是跟產險公司買呢？我個人建議，可以向壽險公司購買「一年期的癌症保險」。舉例來說，五歲的小朋友一年期癌症險，一單位一年一百元左右；買六個單位，保費頂多六百元。三十幾歲男生的保費一單位三百至四百元、女生八百到

一千元。買六個單位，男生保費大約三千元左右，女生大約六千元。（如附表）

為什麼要買的單位數高？簡單的說，一個單位的理賠金額真的蠻少的。我們可用一年期的癌症險，拉高投保的保障，一旦我們發現罹癌的情況，就會有非常高額的理賠金，用來支付我們之後龐大的醫療費用。

癌症險一單位・年繳保費一覽表
（約略的保費）

年齡	男	女
0～4	2**	2**
5～9	9*	8*
10～14	1**	9*
15～19	1**	1**
20～24	1**	2**
25～29	1**	4**
30～34	2**	6**
35～39	4**	10**
40～44	7**	15**
45～49	11**	19**
50～54	18**	21**
55～59	27**	24**
60～64	38**	30**
65～69	50**	37**
70	64**	44**

一定要弄清楚續保的內容

大部分壽險公司一年期的癌症險有一個特色，就是「保證續保」。如果我們買的是產物保險公司的癌症險，它都不保證續保。倘若今年發現了「原位癌或其他疾病」，產險公司雖會理賠今年的原位癌部分，但金額偏低。

等到第二年，我們想要再續保時，因為續保都要再告知一次身體健康狀況，那時產險公司可能就會不願意再接受續保。有時，保險公司不一定因為只有得到原位癌，才不願讓你續保，其他像：纖維性囊腫、息肉、良性腫瘤……等狀況，產險公司也有可能不願再續保。

壽險公司的一年期癌症險，就有保證續保功能。也就是說，如果我今年得到原位癌或其他疾病，因為它是有保證續保的，那怕我第三、四年癌細胞擴散了，它還是可以繼續的理賠。雖然產險公司一年期的癌症險保費得非常便宜（壽險一年期癌症險也不貴）。但是它的缺點就是不保證續保！這是非常要注意的事情。

產險「一次給付型的癌症險」跟傳統一項一項給付（初次罹癌、住院、手術、在家療養、放射線化療……）雖然不同。一次給付的癌症險有它的優點，一旦發現擴散後的癌細胞，就可以領一筆大錢。但是如果今年發生的是原位癌，它只給付大約十分之一的理賠金；例如：原保額是五十萬，罹患原位癌就只理賠五萬。第二年就可能不再續保。

「初次罹癌」的條款

壽險公司一年期保證續保的癌症險，雖然有些不是一次給付，是分項給付型。但它有一個「初次罹患癌症」的項目。如果把單位數買到五個單位；就初次罹患部分，一單位一般來說是十到十五萬，五個單位就是五十至七十五萬。若今年發生原位癌，五十萬雖只理賠十分之一，可是因為是保證續約，就不用擔心第二年還要再做身體健康告知。

幾年後，或許從一開始的原位癌，變成擴散型的癌症，它也會把當時五萬（原位癌理賠的金額）跟五十萬（擴散後癌症理賠金額）的差價，再補給客戶。所以說，雖然是分項式給付，但是買的單位數高，它的「初次罹患癌症」理賠金額也等同於「一次型給付的癌症險」。一旦罹癌，對我們自己才有幫助。

講了這麼多，就是希望各位在買癌症險時，一定要考慮到「低保費、高保障、保證續保的功能」，這是我一再強調的重點。

8

爭議小、保障完整的「一年期壽險」

近年來我最喜歡的險種，大部分都屬一年期的保險（原因是：低保費、高保障、理賠明確）。本篇要介紹的是大家平常都容易忽略的一種保險——「一年期壽險」，不論意外或疾病身故、一級殘廢都可理賠。

很多人翻開自己曾購買的保單，會發現所購買的壽險，額度都非常低。少則一萬，多則也僅僅是十至一百萬不等，當然也會有些極少數的例外。

大部分有買壽險的人都不會買得很多，原因是現在的終身壽險保費非常的貴，所以大家在購買壽險的時候，多半像蜻蜓點水一樣有買就好；也有一些人會誤認壽險理賠金是留給別人用的，自己無法享用。但是我覺得一至一百萬的壽險額度，保障是非常不夠的。我用簡單條列的方式，說明我之所以喜歡一年期壽險它的理由。

1.年輕、責任重、剛成家時，用少許保費就能買到高額保障

舉例來說，三十歲女性買一百萬壽險，一年保費只要六百元；四十歲的女性一年也頂多一千三百元。男性稍微貴一點，三十歲男性一年一千六百元；四十歲

的男性一年三千五百元。保費會比終身壽險便宜。（但繳費期限會有所不同，詳見附表）

一年期壽險費率表

年齡	男	女	年齡	男	女
15	500	300	45	5300	1900
16	700	300	46	5800	2100
17	800	400	47	6300	2300
18	900	400	48	6800	2500
19	900	400	49	7400	2800
20	1000	400	50	8000	3100
21	1000	400	51	8600	3400
22	1000	400	52	9200	3800
23	1100	500	53	9900	4100
24	1200	500	54	10500	4400
25	1300	600	55	11200	4700
26	1400	600	56	12000	5100
27	1400	600	57	12900	5600
28	1500	600	58	14100	6200
29	1600	600	59	15600	6900
30	1600	600	60	17000	7700
31	1800	600	61	18200	8500
32	1900	600	62	19600	9300
33	2000	700	63	21300	10200
34	2200	800	64	23300	11200
35	2400	900	65	25500	12400
36	2600	900	66	27800	13800
37	2800	1000	67	30300	15500
38	3000	1100	68	33200	17400
39	3200	1200	69	36300	19500
40	3500	1300	70	39700	21900
41	3800	1400	71	43500	24500
42	4100	1500	72	47400	27300
43	4500	1600	73	51800	30400
44	4900	1700	74	56400	38800

＊75 歲後保費省略，最高可投保至 95 歲（保證續保）

2.屬自然保費

年紀輕時，發生因病身故的機率不大，所繳的保費自然就較低。保費隨年紀增長，而有所調整。一年期壽險所繳保費的概念，就是用今年保費的價值，購買今年保障的現值。就算我們買到五百萬保障，保費也不會太高。

3.幾乎等同終身壽險

一年期的壽險目前只有幾家公司在銷售，但是只有一至二家公司可以承保到九十五歲（其他幾乎只承保到七十五或八十歲）。所以，它幾乎也可以算是終身繳費的終身壽險，只是它要每年、每年的繳費（只簽一次要保書即可）；一直繳到九十五歲。符合年輕人、家庭責任重時，用小小的錢買到高高的保障，雖然年紀大的時候，保費會貴一點（風險也大），但是三十到四十年以後，那時的保費因為通貨膨脹等因素，對大家來講可能也不會覺得貴了！。

4.保證續保

一年期的壽險可保到九十五歲，中間不管碰到任何身體異常的狀況，保險公司都要保證續保到九十五歲。哪怕是我得了癌症末期，續年都是一樣可以繼續承保的。所以說，年輕時趁身體較健康，買到高高的保障，哪怕有一天有個什麼閃失的時候，這筆理賠金就可以帶給家人莫大的幫助。

5身故或一級殘廢皆可理賠

壽險的理賠範圍，是不管意外或疾病造成的身故或一級殘廢，都可以獲得理賠。但大家的重點都放在身故之後，其實一級殘廢也是可以獲賠的。一級殘廢是指：雙目失明；永久喪失咀嚼、吞嚥、語言能力；兩上肢、兩下肢的缺失；植物人……等的狀況，都屬於一級殘廢。

買一百萬就賠一百萬，買五百萬元就理賠五百萬元，一次給付不囉嗦，所以它也有點類似另類的重大疾病險。（有些純重大疾病險還不理賠身故喔！）

6.省下的保費可做其他投資

當然！亂投資也有風險的！年輕朋友所賺的薪水不多，基本的保險買一買，可以省下多餘的錢去做其他的投資。

因為所有險種都不是萬能的，萬一當保險都不理賠的時候，自己投資賺來的錢也可以在急需用錢時，提供必要的援助。如果我們都買了很多終身型的保險（高保費、低保障），可能就沒有多餘的錢去做其他的投資。所以希望大家在年輕時，購買低保費、高保障的保險。當有一天萬一保險都不賠的時候，自己投資賺的錢就可以有所幫助。

7理賠明確

壽險的理賠非常明確，幾乎是只要身故就賠。過去很多的媒體都曾刊登過許多保險糾紛，報導一些這個不賠、那個也不賠的事件。但是，大家有沒有注意到，壽險的糾紛很少在媒體上看到！

只要身故就賠，而且我們所想的身故與保險公司的身故定義，幾乎是一模一樣的。所以說低保費、高保障、理賠明確，這就是一年期壽險最大的特色。

8 雖然身故才領得到理賠金，但生前也可以靈活運用

壽險雖然是在身故的時候才可領得到錢，但問題是：如果一年期的壽險可以承保到九十五歲，且大部分的國人也都會碰到（國人平均壽命為八十歲左右）。也就是說，大部分的人都可以領得到這筆錢；雖然可能會晚一點領，但是未來的錢也是錢，一樣也可以現在拿來使用！

例如：罹患重病的時候，可拿現有的資產變賣、質借，或向親朋好友借錢治病。萬一之後往生了，積欠親友或質借的債務，就可以直接用壽險的理賠金，來償還。

所以大家購買壽險的時候，腦筋要靈活一點，不要只想著身故之後保險金留給別人用，所以就少買一點。這是一個非常僵硬且不靈活的理財觀念！罹患重病的人可能再一到十年就會往生（並非百分百都如此），我們生前積欠的治病錢，

就可以靠保險理賠金去還債，而且壽險的理賠金可能都是百萬以上的喲！

9.真正的保險可以用來規劃遺產稅

很多的理專會說服年紀大或有病痛的保戶，購買高額的保險，鼓吹只要是保險的理賠金都可以規避遺產稅。其實，這是一個錯誤的觀念！

按照實質課稅的理論，有很多保險不僅沒有辦法避掉遺產稅，甚至規劃不當，還可能要再多繳好幾倍的罰金。原因就是很多被保險人是在「帶病投保或精神狀況不佳……」臨時所購買的。家人或保戶在業務員的鼓吹之下，糊里糊塗的購買了保險。等到身故時，問題就大條了。只有在身體健康時購買的保障，在身故後，這個理賠金才是真正百分百可以避掉部分遺產稅。

10.再次強調：

低保費、高保障、理賠明確，才是我們買保險的優先選擇。

9

「終身住院醫療」保險需要買嗎？

「終身醫療」這四個字，非常具有吸引力，所以在台灣買的人很多。我們研究一下「終身醫療」，這個名詞雖然非常響亮，但是保費卻異常得高。理賠住院一天一千元，保費最少要上萬，重點是：如果理賠金額夠高的話，那也還可以。但我們看看內容，住院一天才賠一千元。沒住院的話，它幾乎等於沒賠。

我們來舉幾個數字分析一下。一般成年人一年保費約為一萬五千元，連續要繳二十年。一點五萬乘二十年就是三十萬。三十萬除以一天賠一千元，大概要住院三百天左右，才能夠把我所繳的錢，從保險公司再領回。這時，大家會問？這一輩子住得了三百天嗎？

如果我把同樣的錢存在銀行裡面，二十年之後，不是只有三十萬，可能連本帶利會有三十二、三十三萬！三十三萬除以住院一天賠一千元，我要住三百三十天，才能夠把錢從保險公司領回來。

算一算，「終身醫療」到底划算嗎？

以一個三十歲的人來說，三十歲開始繳錢，繳到五十歲不用再繳。在五十歲以前發生住院的機率不是很大，長天數的住院機率更小。五十歲到七十歲又過了二十年，放銀行的錢會連本帶利再增值到四十萬左右。四十萬除以一天一千，我要住到四百天，才能夠把我繳的錢領回來。

各位想想看，這種住院終身醫療保險，要住到四百多天才能夠把所繳的錢領回來。這中間如果發生理賠，對不起！你不要認為這是保險公司賠給你的，而是你自己的錢賠給自己而已。很多人買這種終身醫療保險，只看到「終身醫療」四個字，就覺得有保障，覺得一輩子會有很好的醫療照顧。可是，剛剛我分析過，一天賠一千元，有甚麼用呢？

現在一個人的單人病房，大概一天要自付五千元。我們只買一天住院一千元的終身醫療險，夠嗎？你要買到賠五千元的嗎？那就把一年一點五萬元的保費，再乘五，保費就是七點五萬。三十歲買這種保險，以後會結婚吧？如果你的配偶也繳了七點五萬元的保費，你的家庭一年就要十五萬的保費。

可怕的在後面。如果你有兩個小孩，小孩的保費稍微便宜一點，一個人大概一萬元好了；住院每天也是賠一千元，買到五千元要五萬。二個小孩一年保費就十萬。再加上大人的十五萬，一共二十五萬。買一個住院一天賠五千元的終身醫療保險，全家就要花掉二十五萬的保險費，平均一個月要二萬。誰負擔得起？誰有那麼多錢？

別忘了通膨會吃掉你的保障

最可怕的在後面，什麼意思？如果我辛苦繳滿二十年，本以為可以喘口氣了，可是各位不要忘記，物價會上漲。三十歲時買的保險，到了五十歲的時候，單人房的費用，可能會從五千元漲到八千元，也可能會漲到一萬元。當初買的五千元，又不夠用了（小朋友到了六十至七十歲時，單人房的費用搞不好漲到一萬五、甚至兩萬）。

這時候業務員又出現了：「X先生，當時你買的保險，住院一天只賠五千元，現在不夠用，因為物價上漲，一個人的病房費自費要一萬，您的額度已不夠，建議您再補強！」

當初自認只要辛苦二十年，以後醫療的問題就高枕無憂，沒想到因為物價上漲的關係，你還要再繼續辛苦下去！真的是沒完沒了！一年二十五萬、二十年後再來個二十五萬……

這還只是終身醫療一個險種而已，終身癌症險、意外險、終身壽險……其他都還沒有算，全家就花了二十五萬，且還不知要幾個二十年。所以各位想想看，無用的保險到底有沒有它的價值？因科技的進步，現在住院的天數越來越少，一個人一輩子要住到三、四百天，幾乎是不可能的。

人生中最不需要買的險種

就算我比較倒霉，這一輩子住到四百天，保險公司一天賠我一千元，總共給我四十萬，扣掉我自繳的三十幾萬保費，好像也沒從保險公司那邊多拿多少錢回來。全家四人這輩子都會住到四百天嗎？那更是不太可能的事情！

所以，第一個最不需要買的，就是「終身住院醫療」，注意，大致上它是住院才會理賠，不住院，不會賠的。而且出了院才是真正花費的開始。

BOX

住院醫療險可能的問題

最近，我碰到一個案例：

一位朋友生病，因為醫生的建議而住院，他想自己有保住院醫療險，所以就安心的去住院，但出院之後申請理賠，保險公司卻拒絕理賠，理由是沒有理賠合理性、積極性的治療。

大家都以為有了住院醫療險，就算少也不無小補，就很放心的聽醫囑而住院。但我以前就不斷的提醒住院醫療險會獲得理賠的必要條件是：

· 合理性的住院

· 積極性的治療

也就是說，若你的疾病在家休養就可以好轉，那就沒有住院的合理性，而且若在住院期間的治療是普通性的用藥或治療，保險公司就可能打折或完全不賠。

所以，別以為醫生說了就算，保險公司並不會全部買單。保險公司是會嚴格去檢視你的住院正當性，或是用藥的重要性、治療的積極度去評估理賠比例，或是要不要賠。

這一點，在買住院醫療險時，千萬要注意，以免產生糾紛。

10

爭議性高的「投資型保單」

目前保險（保費）爭議性最大的，莫屬於「投資型保單」。原因是很多保戶買了這種保單後，自己都搞不清楚買的是「投資」還是「保險」。現在，我針對投資型保單保戶所繳的保費流向作一個說明，大家應該就會更清楚。

其實投資型保單本身的結構沒有太大的問題。有投資、又有保險，但它的問題是行政費太高（如果行政費降為一般申購基金費用的1％到3％就屬尚可），投資型保單除了行政費不合理。還有，幾個要注意的地方：

保險業務員並非全為專業投顧

保險業務員在銷售投資型保單時，本身對投資的這部分（基金）專業程度，跟（投信、投顧）公司的理專來做比較，是有待加強的。

一般壽險公司所銷售的投資型保單，大部分是連結自己公司所喜歡的基金，大概也只有十到五十幾檔基金可選擇。如果我們去選擇一家投信或投顧公司所推薦的基金，多者會到上千支，少的也有幾百支可以選擇。所以投資型保單在選擇的內容及項目上。是有所缺失。

實際繳的費用和投資總額不對等

再來，就是保費流向的問題。下面附表【表1】就可以看得出來，購買一百萬的壽險（此壽險是指一年期的壽險，並非我們認為的終身壽險）。每年還要另扣管理費一千二百元。如果我們年繳六萬元，扣除六百元的壽險成本，再扣一千二百元的管理費，剩下五萬八千二百元。大家千萬不要以為這五萬八千二百元會馬上拿去投資。大錯特錯！在早期的投資型保單第一年的五萬八千二百元，幾乎都變成了行政費用。

第二年一樣繳了六萬元，一樣

表1：投資型保單金錢流向

年度	年齡	年繳	百萬壽險成本（自然保費）	管理費	所繳保費扣除項目金額	行政費
1	30	6萬	600	1200	60000-600-1200 =58200×0.6	34920
2	31	6萬	600	1200	60000-600-1200= 58200×0.4	23280
3	32	6萬	700	1200	60000-700-1200= 58200×0.3	17430
4	33	6萬	700	1200	60000-700-1200= 58200×0.1	5810
5	34	6萬	800	1200	60000-800-1200= 58200×0.1	5800
6	35	6萬	900	1200	60000-900-1200= 57900	0

（30 歲女性，月繳 5000 元，保障 100 萬為例）

再扣一百萬的壽險成本（六百元）加管理費（一千二百元），也是剩下五萬八千二百元，大家會想第一年的五萬八千二百元已經拿去作為行政費用，第二年總該用來投資了吧？對不起！它們還會從第二年的五萬八千二百元裡面再扣除二分之一當作第二年的行政費用，只剩下的二萬九千一百元拿去投資。

上述例子可看出，前兩年實際繳的總保費是十二萬，一般人以投資角度來看，會以為十二萬都拿去投資了。但是並沒有！實際上，用來投資的部分大約只有前兩年所繳費用的25％而已。一定要等到第三年之後，才會真的把扣除成本後的餘錢拿去投資。

投資型保險投資基金的部分是賺是賠，先不討論。一般人去買投資型保單時，如果業務員解釋不清楚。聰明的讀者看完上面的說明，應該就瞭解它的結構。

行政費用可能吃掉大半的保費

早期費用結構明顯有瑕疵，所以近年來的投資型保單，在行政費用上作了少許更動。改成第一年扣的60％行政費，第二年扣40％、第三年30％、第四年10％、第五年10％（每家公司約略有不同）。但五年加起來，總和仍是年繳費用的150％。舊制度是前兩年就扣掉年繳費用的150％。現在是分五年扣掉年繳費用的150％。其實結果也差不到哪裡。

投資歸投資、保險歸保險！如果我們自己向投顧公司買基金的話，大部分的手續費是1至3％。一年繳的六萬元，它也只有六百至一千八百元左右（但目前台灣已陸續出現E化基金平台的投顧公司，它的手續費早已降為千分之四左右）。可是投資型保單第一、二年大部分所繳的錢，幾乎都已轉為行政費用。

投資歸投資，保險歸保險

我再次建議「投資歸投資，保險歸保險」，二者應可以分開處理。但業務員仍會說，因為投資型保單裡的壽險成本是非常的便宜。但如果再追問：「那我只買壽險的部分就好了，投資部分我自己會處理，是不是可以？」我相信：一百位業務員中，大概九十九位都說不行（其實早就可以了）。

其實很久以前，就有一年期的壽險可以單獨購買了。一個三十歲的女生要買一年期的一百萬壽險，年繳只要六百元（男生要一千六百元）。剩下的錢就可以按照自己的喜好拿去做其他的投資，股票、基金、ETF、權證、投資自己、投資家庭……等，甚至也可以慢慢累積去購買房地產。

選擇一位良好的投資顧問會讓基金投資變得非常專業及順利。如果也很喜歡一年期的壽險，它也是可以單獨購買的（優點是低保費、高保障、理賠定義又清楚）！

當各位瞭解到投資型保單，它的保費流向之後，我相信你們應該不會再去買這種投資型保單。記得一年期的壽險是可以單獨買的，投資部分也可以單獨找自己屬意的投顧公司購買。

還是那句話：「投資歸投資，保險歸保險。」分開來處理是最恰當不過的。

11

儲蓄型保險領回的錢，真的有很高嗎？

儲蓄型保險，一直也都是保險公司強力銷售的產品。因為談到儲蓄、投資之類的話題，它就不會像保障型的保費那樣低。相反的，儲蓄型保險的保費都是非常的高。會高到甚麼程度呢？可能一年繳一到二百萬，甚至到一至二千萬的都有。因為它所收的保費非常高，所以一直是保險公司最愛推銷的商品。

一定可以領到錢的保險

首先，我們先把儲蓄型保險做一個簡單的歸類。市面上有很多的險種在字面上明顯看到「還本」、「保本」、「退還保費」、「養老」……等這些名詞，就是明確的儲蓄險。另一些是隱藏在內容裡面，譬如：每幾年可以領回一筆錢，或註明保險人這輩子如沒有理賠，在身故或一定時間，也可以領一筆錢。這些也叫做「儲蓄型保險」。

簡單的說，這一輩子「一定可以領到錢」的保險，大致都可以歸類到「儲蓄型保險」。這類險種跟保障型保險最大的差別，就是保障型的保險，是繳少許的保險費「低保費、高保障」——沒有發生事故，就不會有理賠；這輩子「不一定」

得到理賠，這叫做「保障型保險」，也就是所謂的純保險。

儲蓄型保險剛好相反，我「一定」可以領得到錢。有些是六年、十年、二十年可以領回；有些是每三年、每二年可以領回……。他們會包裝在不同的險種裡面，包含：壽險、醫療險、癌症險、意外險、婦女險……，通通都會有儲蓄型保險的影子在。

儲蓄險領回的錢真的比銀行高嗎？

很多人花許多錢去買儲蓄型保險，所圖的就是「利息比銀行高」。現在銀行的定存利息，大概是1.1％至1.2％左右。而有些業務員標榜儲蓄險會有2％到3％的利息。我們先不用數字來說明，只用簡單的「感覺」就可以，如果儲蓄型保險的利息真的比銀行高，那麼，一般人一定會把錢通通擺在保險公司裡面，而不會存在銀行。經過五到十年後，銀行收不到錢是不是就會倒閉呢？

但經過這麼多年，銀行不但沒有倒，還繼續的存在下去。所以說，儲蓄型保險的利息，絕對不可能比銀行高。就算有些極少數險種滿期後，獲利比銀行高千分之幾（通常要等到滿期時，繳費期間不可能有這種事）。回過頭來，分析以下狀況：

第一，金額很大嗎？

我們放進去的錢是幾百萬、幾千萬嗎？多個千分之一到五，存一千萬元也才多個一到五萬，有賺到嗎？前提是你要存到千萬左右。可是一般平民所繳的保費，大概只有三至五萬，了不起十至十五萬，由於金額太小，所以在實質上不可能賺到很多錢。

第二，綁約的時間成本

儲蓄型保險最少都要綁約六年以上，有些甚至是二十年或終身。用最簡單的六年期舉例，把一百元放在銀行（1.2%的利息）。一年後，本利和是一百零一點二元，如繼續存下去；二到六年當中，不管任何時間想把錢領出來，銀行的定存本金加利息，一定會還給我們。

可是如果把錢放在保險公司，我們要負擔最少六年內的解約風險，萬一我們想要用錢，可看看保險合約裡面「解約金」的欄位。第一年想要解約，不要說利息沒了，本金都可能少很多。二到六年間解約也是一樣的情況，解約金那個欄位金額，絕對比要保人所繳進去的錢少很多。

要保人一定要存滿到六年後，才有可能與銀行的利息差不多，卻要負擔六到二十年以上的風險。懂投資理財的人都知道，六年算是一段很長的時間，不要講六年，六個月都算很長的（變化性太多）。

第三，要考慮「通膨」因素

經過六至二十年滿期後，要保人繳進去的錢再加上一點小利息，不要覺得就賺到了。因為你繳的錢，經過六至二十年，會被「通貨膨脹」給吃掉。

各位可以回想看看，十年前一碗牛肉麵多少錢？現在是多少錢？二十年前一棟房子多少錢？現在是多少錢？

這就是可怕的「通貨膨脹」。各位辛苦存了六到二十年的錢，就算滿期，你的利息跟銀行差不多（大部分輸銀行），也不要忘記又會被「通貨膨脹」給吃光。所以儲蓄型保險絕對不適合一般人，只有一種人是適合的，那就是「月光族」。

領多少錢花光多少錢的人，不會儲蓄沒有投資概念的人，適合這種方法強迫儲蓄。但是不要忘記錢是會越存越薄的。

儲蓄險它絕不是像業務員所聲稱的有「高利息」，但很多業務員都會說同一個話術：「保險停賣了。」「利息有3到4%，借錢來投資都划算。」如果真的那麼好康，我們可以押房子向銀行借款（房貸約付2%利息）。來買這3到4%的儲蓄險，一來一往之間，可啥事都不用做就倒賺1至2%？例如：我押房子向銀行借款一千萬，買了所謂利息有3至4%的儲蓄險，每年我就會倒賺十到二十萬喔？可能嗎？

記住：銀行利雖然低，但銀行定存永遠不會騙我們。千萬不要碰你搞不清楚的金融商品。

12

「實支實付醫療險」真的會實支實付嗎？

很多人買了實支實付的醫療保險後，就天真的認為我實際支付出的醫療費用，保險公司全部都會賠付給我。其實，我們還是要仔細瞭解它的理賠內容，不要聽到實支實付就覺得：「太好了，我花多少錢，保險公司都會理賠！」

台灣所有的住院醫療保險當中，幾乎沒有一個是真正的實支實付；也就是說，大家所想的實支實付，跟保險公司所賣的實支實付保險，有很大的出入。真正的實支實付型保險，像是意外醫療（一般規劃約三到五萬的額度）。不管門診、住院、手術，只要在三到五萬額度內所支付的合理費用，保險公司都會理賠。

什麼才是真的實支實付？

一般的住院（疾病或意外）醫療保險也有一種叫實支實付型的險種，條件就和上述意外醫療的實支實付不一樣了，到底有哪些不一樣呢？一般住院醫療保險分成很多項目，其中一個是「病房差價」。大部分人員的是一千元／日，也就是假如我今天住的是單人病房，要價五千元／日，但我們只買了一千元／日的額度，保險公司最多只會理賠一千元／日。它的限制之一，就是要「住院」；限制二是要在額度內才賠；限制三是雜費或手術部分都不會另有特別的定義。

有人到國外念書，打球受重傷、滑雪摔斷腿，或在國外突發重病，海外的醫療費用都非常的貴。所以在海外時，一定要買一個十到二百萬的醫療險。這種「海外醫療險」才是真的實支實付型的，但其附屬在「海外旅遊平安險」下面，所以只限於在海外才賠。在國外摔斷腿看醫生，醫療費動輒二十至一百萬（尤其歐美地區）。回想看看，國內買的住院型實支實付醫療，可以賠海外這種二十至一百萬醫療費用嗎？

常有讀者對我抱怨，他買了某家的實支實付醫療，但他的家人在國外發生醫療行為，為什麼只理賠住院一天一千元，就算加上手術及雜費。總共也賠不到十幾萬元。所以說，國內買的這種「實支實付住院型」的醫療險，不是真正實支實付住院型醫療。出國時是要重新購買高額度的醫療險種。

有朋友甚至買了多家保險公司的實支實付。大部分是著眼在「雜費」項目。我把保險公司的「雜費名目」列出來。包括：掛號費、血液檢查、X光費用、救護車費用、醫師診察費、輸血……。一般人住院時，以上的項目，好像也不用付太多錢（健保幫我們付），就算要付錢，大都是在能力負擔得起範圍之內。

「醫師指定用藥」的陷阱

雜費中有一項「醫師指定用藥」要特別說明。很多醫生都會告訴病患，自費藥品比健保的藥有效，醫療保險也可以理賠。乍聽好像是對的，但是，目前有很多案例，保險公司只打折理賠，或著拒賠。

如果醫生建議病患自費用藥，會請你填一個「病患自費用藥同意書」。這與「醫師指定用藥」是不同的。實際的「醫師指定用藥」，是指醫生在病患用藥紀錄上很清楚的記載，健保藥品已無法有效作用，必須改用非健保的藥品。這才叫做「醫生指定用藥」但這跟「病患自願用藥」是大大的不同。

有些病患如上述情形自費用藥花了十幾萬，但保險的醫師指定用藥額度只有五萬，有些保險公司打折理賠二到三萬，有些理賠三到四萬，但要看個別案件情況而定。

但是也有保險公司是不理賠的，理由：是健保的藥效也不錯。為什麼要用自費的藥品？如果雙方有爭議時，保險公司會請保戶提供醫院的「用藥紀錄」；如果是「自願用藥」而非「醫師指定」他們就不會理賠。所以說，「雜費」項目的細節，要詳細的瞭解才能保障自己的權益。有很多的業務員也不是很清楚，總是口頭說：「反正你自己自費的用藥，保險公司就一定會理賠。」

世上沒有完美的保險

「實支實付住院限額醫療保險」並不是大家想的那麼完美。重點是它的理賠金額也不是很高。如果把一輩子繳的保費加起來，再核對總理賠金額，就會有答案了。

它絕不是購買保險的第一順序，而是「定期型、低保費、高保障、理賠清楚」的意外、癌症、壽險……都買夠了，再考慮這種中保費、中保障、理賠有些模糊的實支實付險種。

BOX

實支不一定實付

住院醫療保險理賠有限制的雜費項目：

- 醫師診療費
- 醫師指定用藥
- 血液（非緊急傷病必要之輸血）
- 掛號及證明文件
- 來往醫院之救護車費
- 化驗室檢驗、心電圖、基礎代謝率檢查
- 敷料、外用夾板及石膏整型（但不包括特別支架）
- 物理治療
- 麻醉劑、氧氣及其應用
- 靜脈輸注費及其藥液
- X 光檢查及放射性治療
- 因遭受意外傷害而住院診療者，且經醫院專科醫師證明其為回復正常生活所必要而需裝設之輔助器。但同一次事故各項裝置以一次為限。

13

殘廢、長護險……你想的跟保險公司一樣嗎？

最近一兩年還蠻熱門的話題，就是殘廢險、殘扶險、長期看護險和長期照護險。有許多的讀者打電話來諮詢這些保險值不值得購買？其實在買任何險種的時候，保戶都犯了一個通病：只看保險的名稱就覺得自己有這個需求，而不去深究保險實質的理賠內容。

近年來最夯的險種

殘廢險和殘扶險最大的問題在於：你想的殘廢與保險公司所訂定的殘廢，中間有很大的落差。殘廢險、殘扶險、長期照護險……等，最近幾年會這麼熱門，就是因為大家都想到萬一老年、不能工作、需要請移工（外勞），如果身邊沒有錢，現在先買個長照險、殘廢險……，到時就可以靠保險公司的理賠金，來抵銷申請移工所產生的費用。

在台灣，請一個外籍家庭看護平均一個月要花費三萬元，一年要在三十六萬左右。十年的話，平均也要三百六十萬，這對一個家庭來講，算是一筆沉重的負擔。

所以，保險公司就順勢推出這種殘廢險、長期照護險或長期看護險……等。再加上，現實的環境也經常在公園、馬路、醫院，看到許多外籍朋友，就會讓保戶私下想到萬一哪天自己也老了，到時候拖累家庭、小孩怎麼辦？

買保險的觀念基本上沒有錯，但是老年時，所發生的各種殘廢或疾病，與保險公司理賠的標準是不是一樣？

仔細閱讀理賠要項

我希望所有的讀者朋友要仔細的去思考條款內容，到底符不符合自己所想像的需求。殘廢險、殘扶險中的殘廢，簡單的講就是因病或意外所造成的殘廢。重點是你想的殘廢與保險公司所訂的殘廢標準是否一樣？（詳見附表）。

各位有沒有發現，其中大部分都是肢體的殘廢才可以理賠。由於這個殘廢表設計的內容是照意外險所設計出來的，所以大部分都屬於肢體或外觀的缺損。可是因疾病造成的殘廢，居然也沿用這張表。翻譯成白話來講，常見的老人失智、中風、心肌梗塞、癌症……等，可以理賠嗎？輕、中度的中風算殘廢嗎？老人失智算殘廢嗎？如果都不算，那我們所認為的殘廢，與保險公司所認訂的殘廢是不是一樣的？

因此，大家不要自以為殘廢了，保險公司就一定會理賠。這是極度錯誤的認知。另有一個重點中的重點，就是：以上所列的險種，身故都是不理賠的（身故的重要性可參閱前文〈爭議小、保障完整的「一年期壽險」〉及〈第一選項也最平民化的——純意外險〉）。

長期照護險、長期看護險也有類似同樣情形，大部分的保險公司因為都是銷售終身型的，所以保費並不便宜。理賠的標準也很模糊。前文說的殘廢表最起碼還有一張表，可以讓大家看到內容。但長期照護險和長期看護險理賠，是用幾個字來敘述，例如：日常生活的吃飯、上廁所、穿衣服、上下床或走路……等，要有二至三項需要「他人協助者」才可理賠。

你想的與保險公司想的不一樣

在此特別強調，「需要他人協助者」當事情發生之後，若家屬自認為需要他人協助，但保險公司認為還不太需要他人協助，這時候理賠就會產生很大的糾紛。還是那句話——你想的長期照護與保險公司所想長期照護，可能會不一樣！

我相信長期照護險和長期看護險這些的理賠內容，很多保險業務員也不一定會說得很清楚。因為每位病人的狀況在不同的醫生解釋下，也都不太一樣；更何況是一般的保險業務員。

年老因病如果符合殘廢、長期照護的理賠，會不會在一到十年左右就往生，一個月只領一至二萬元，一年才領十二到二十四萬；那十年呢……？再次強調，買保險要先買「低保費、高保障、理賠明確」的險種。理賠不清不楚的保險不是不能買，它應該屬於購買的第二順位才對。

再次提醒：萬一不幸身故，家人還小，責任丟給誰呢？請大家三思！

殘廢程度與保險金給付表

項目		項次	殘廢程度	殘廢等級	給付比例
1 神經	神經障害	1-1-1	中樞神經系統機能遺存極度障害，包括植物人狀態或氣切呼吸器輔助，終身無工作能力，為維持生命必要之日常生活活動，全須他人扶助，經常需醫療護理或專人周密照護者。	1	100%
		1-1-2	中樞神經系統機能遺存高度障害，須長期臥床或無法自行翻身，終身無工作能力，為維持生命必要之日常生活活動之一部分須他人扶助者。	2	90%
		1-1-3	中樞神經系統機能遺存顯著障害，終身無工作能力，為維持生命必要之日常生活活動尚可自理者。	3	80%
		1-1-4	中樞神經系統機能遺存障害，由醫學上可證明局部遺存頑固神經症狀，且勞動能力較一般顯明低下者。	7	40%
		1-1-5	中樞神經系統機能遺存障害，由醫學上可證明局部遺存頑固神經症狀，但通常無礙勞動。	11	5%
2 眼	視力障害	2-1-1	雙目均失明者。	1	100%
		2-1-2	雙目視力減退至0.06以下者。	5	60%
		2-1-3	雙目視力減退至0.1以下者。	7	40%
		2-1-4	一目失明，他目視力減退至0.06以下者。	4	70%
		2-1-5	一目失明，他目視力減退至0.1以下者。	6	50%
		2-1-6	一目失明者。	7	40%

3 耳	聽覺障害	3-1-1	兩耳鼓膜全部缺損或兩耳聽覺機能均喪失90 分貝以上者。	5	60%
		3-1-2	兩耳聽覺機能均喪失70 分貝以上者。	7	40%
4 鼻	缺損及機能障害	4-1-1	鼻部缺損，致其機能永久遺存顯著障害者。	9	20%
5 口	咀嚼呑嚥及言語機能障害	5-1-1	永久喪失咀嚼、呑嚥或言語之機能者。	1	100%
		5-1-2	咀嚼、呑嚥及言語之機能永久遺存顯著障害者。	5	60%
		5-1-3	咀嚼、呑嚥或言語構音之機能永久遺存顯著障害者。	7	40%
6胸腹部臟器	胸腹部臟器機能障害	6-1-1	胸腹部臟器機能遺存極度障害，終身不能從事任何工作，經常需要醫療護理或專人周密照護者。	1	100%
		6-1-2	胸腹部臟器機能遺存高度障害，終身不能從事任何工作，且日常生活需人扶助。	2	90%
		6-1-3	胸腹部臟器機能遺存顯著障害，終身不能從事任何工作，但日常生活尚可自理者。	3	80%
		6-1-4	胸腹部臟器機能遺存顯著障害，終身衹能從事輕便工作者。	7	40%
	臟器切除	6-2-1	任一主要臟器切除二分之一以上者。	9	20%
		6-2-2	脾臟切除者。	11	5%
	膀胱機能障害	6-3-1	膀胱機能完全喪失且無裝置人工膀胱者。	3	80%
7 軀幹	脊柱運動障害	7-1-1	脊柱永久遺存顯著運動障害者。	7	40%
		7-1-2	脊柱永久遺存運動障害者。	9	20%
8 上肢	上肢缺損障害	8-1-1	兩上肢腕關節缺失者。	1	100%
		8-1-2	一上肢肩、肘及腕關節中，有二大關節以上缺失者。	5	60%
		8-1-3	一上肢腕關節缺失者。	6	50%

（接下頁）

8 上肢	手指缺損障害	8-2-1	雙手十指均缺失者。	3	80%
		8-2-2	雙手兩拇指均缺失者。	7	40%
		8-2-3	一手五指均缺失者。	7	40%
		8-2-4	一手包含拇指及食指在內，共有四指缺失者。	7	40%
		8-2-5	一手拇指及食指缺失者。	8	30%
		8-2-6	一手包含拇指或食指在內，共有三指以上缺失者。	8	30%
		8-2-7	一手包含拇指在內，共有二指缺失者。	9	20%
		8-2-8	一手拇指缺失或一手食指缺失者。	11	5%
		8-2-9	一手拇指及食指以外之任何手指，共有二指以上缺失者。	11	5%
	上肢機能障害	8-3-1	兩上肢肩、肘及腕關節均永久喪失機能者。	2	90%
		8-3-2	兩上肢肩、肘及腕關節中，各有二大關節永久喪失機能者。	3	80%
		8-3-3	兩上肢肩、肘及腕關節中，各有一大關節永久喪失機能者。	6	50%
		8-3-4	一上肢肩、肘及腕關節均永久喪失機能者。	6	50%
		8-3-5	一上肢肩、肘及腕關節中，有二大關節永久喪失機能者。	7	40%
		8-3-6	一上肢肩、肘及腕關節中，有一大關節永久喪失機能者。	8	30%
		8-3-7	兩上肢肩、肘及腕關節均永久遺存顯著運動障害者。	4	70%
		8-3-8	兩上肢肩、肘及腕關節中，各有二大關節永久遺存顯著運動障害者。	5	60%
		8-3-9	兩上肢肩、肘及腕關節中，各有一大關節永久遺存顯著運動障害者。	7	40%
		8-3-10	一上肢肩、肘及腕關節均永久遺存顯著運動障害者。	7	40%

8 上肢	上肢機能障害	8-3-11	一上肢肩、肘及腕關節中，有二大關節永久遺存顯著運動障害者。	8	30%
		8-3-12	兩上肢肩、肘及腕關節均永久遺存運動障害者。	6	50%
		8-3-13	一上肢肩、肘及腕關節均永久遺存運動障害者。	9	20%
	手指機能障害	8-4-1	雙手十指均永久喪失機能者。	5	60%
		8-4-2	雙手兩拇指均永久喪失機能者。	8	30%
		8-4-3	一手五指均永久喪失機能者。	8	30%
		8-4-4	一手包含拇指及食指在內，共有四指永久喪失機能者。	8	30%
		8-4-5	一手拇指及食指永久喪失機能者。	11	5%
		8-4-6	一手含拇指及食指有三手指以上之機能永久完全喪失者。	9	20%
		8-4-7	一手拇指或食指及其他任何手指，共有三指以上永久喪失機能者。	10	10%
9 下肢	下肢缺損障害	9-1-1	兩下肢足踝關節缺失者。	1	100%
		9-1-2	一下肢髖、膝及足踝關節中，有二大關節以上缺失者。	5	60%
		9-1-3	一下肢足踝關節缺失者。	6	50%
	縮短障害	9-2-1	一下肢永久縮短五公分以上者。	7	40%
	足趾缺損障害	9-3-1	雙足十趾均缺失者。	5	60%
		9-3-2	一足五趾均缺失者。	7	40%
	下肢機能障害	9-4-1	兩下肢髖、膝及足踝關節均永久喪失機能者。	2	90%
		9-4-2	兩下肢髖、膝及足踝關節中，各有二大關節永久喪失機能者。	3	80%
		9-4-3	兩下肢髖、膝及足踝關節中，各有一大關節永久喪失機能者。	6	50%
		9-4-4	一下肢髖、膝及足踝關節均永久喪失機能者。	6	50%
		9-4-5	一下肢髖、膝及足踝關節中，有二大關節永久喪失機能者。	7	40%

（接下頁）

9 下肢	下肢機能障害	9-4-6	一下肢髖、膝及足踝關節中，有一大關節永久喪失機能者。	8	30%
		9-4-7	兩下肢髖、膝及足踝關節均永久遺存顯著運動障害者。	4	70%
		9-4-8	兩下肢髖、膝及足踝關節中，各有二大關節永久遺存顯著運動障害者。	5	60%
		9-4-9	兩下肢髖、膝及足踝關節中，各有一大關節永久遺存顯著運動障害者。	7	40%
		9-4-10	一下肢髖、膝及足踝關節均遺存永久顯著運動障害者。	7	40%
		9-4-11	一下肢髖、膝及足踝關節中，有二大關節永久遺存顯著運動障害者。	8	30%
		9-4-12	兩下肢髖、膝及足踝關節均永久遺存運動障害者。	6	50%
		9-4-13	一下肢髖、膝及足踝關節均永久遺存運動障害者。	9	20%
	足趾機能障害	9-5-1	雙足十趾均永久喪失機能者。	7	40%
		9-5-2	一足五趾均永久喪失機能者。	9	20%

14

旅遊平安險絕對不能省！

「旅遊平安險」是大家都耳熟能詳的險種，但是有很多人卻不是真能瞭解它完整的內容。

旅遊平安保險簡單的講，就是按照天數來計算的短天期意外險。因為它是以「天數」來計算保費，所以有五天、二十天甚至到一百八十天不等，也由於是用「短天數」來計算，所以感覺上保費比較便宜（其實不然）。先不管保費，我們此次主要講的是它的保障內容。

旅遊平安險是主約再加數個附約

一、**（主約）短天期的意外險**：與一般在國內買的一年期意外險類似，理賠的範圍是死亡跟殘廢。

二、**（附約）意外醫療險**：意外醫療可以買三萬至二百萬的額度，這是一種實支實付型的理賠。在國外花多少的醫療費用，只要在額度之內，檢附收據及醫院證明文件，拿回國內，保險公司就會理賠。

三、**（附約）海外突發疾病險**：這是近年來新增的一個險種。比較特別的是，它是在海外因突發疾病造成的醫療費用，就可以理賠。購買的額度大約也是三萬到二百萬。要注意的是，被保險人必須在出國前一年，在國內不可有因同樣疾病吃藥、治療、住院的紀錄，出國後如果發生了這種疾病（也就是一年之內在國內沒有發生同樣疾病，出國後卻發生了），才符合「海外突發疾病」理賠的定義。

「買三送二」真的有用嗎？

簡單的講，如果一個心臟病患者，出國前一年。在國內有因心臟就診或住院的紀錄，就算有買了「海外突發疾病」的保險，在國外因心臟病就醫它是不理賠的。另一重點，它在國外必須要「急診以上」才會有賠（有些保險公司規定在國外要「住院以上」才賠）；一般的門診就醫是不賠的。

為什麼要特別強調「海外突發疾病」呢？

之前有對新婚夫妻到歐洲去度蜜月，先生在飛機上心臟病發，緊急在歐洲落地就醫，前前後後花了約一百二十萬台幣的醫療費用，後來因為沒有錢支付龐大的醫療費，打電話向國內的鄉親求援（媒體有登過）。如果說，我們到歐洲旅遊的團費都花了十到二十萬，再多花個一至二千元，買個旅遊平安險附加海外突發疾病險，就可以適時得到大筆的醫療費用補助。

旅遊平安保險，基本上會附送二個服務項目，簡稱「買三送二」。一個是「海外急難救助」，包括：專機遣送、轉送服務……等；另一個「旅遊不便保險」（產物保險公司的旅遊平安險才有此項目）。

海外急難救助，就是在國外發生特殊狀況，必須專機遣回台灣，此時若有購買旅遊平安保險，就會啟動免費專機運送的功能（多位藝人在外國受傷，都是靠這項服務轉送回台的）。當然還有其他很多的服務項目，但這是最為大家所熟知之一。

旅遊不便險，最簡單的說法就是：旅程延誤、取消、延遲、行李遺失……等，而產生一些額外的費用。如：臨時的住宿、餐費或用品，都可以用服遊不便保險來理賠。所以在同樣保費的狀況下，最好可以買到這種「買三送二」的保險。

「飛機平安險」並非全程的旅遊「平安」險

另外，要提醒各位，很多人出國時大多是刷卡買機票、刷卡付團費……，誤以為這種制卡付團費，就擁有一千至二千萬的旅遊平安險。我稱這種叫「飛機平安險」，也就是只有坐在飛機內的這段時間，所發生的意外狀況，才有理賠。飛機落地後、飛機起飛前，都不在它的保障之內，所以這個險種理賠的範圍是有限的；並不是全程的「旅遊平安險」。

我們出國的時候，保險最好是從「出家門」開始算起，看我們出國幾天，就買幾天（最好再多買個一到二天，怕有延誤返國的情形）。簡單的講，就是「出家門」到「回家門」這整段時間都含在保險的範圍內，保費非常的便宜，團費幾萬塊錢都花了，這一點的保險費千萬不要省！

而且人在海外，醫療費用又非常的高。在國內發生醫療都有健保的照顧。出國因為沒有健保，萬一發生重大事故的時候，產生的醫療費用可能會是天價。所以我們要把醫療額度的部分買得很高，才符合保險的精神。

很多人會以為在國內買了很多終身的醫療，一年期的實支實付住院醫療，如果在海外發生狀況的時候，應該夠了？有一個留學生，在美國滑雪時，摔斷了腿，治療大概花了五十萬台幣。在台灣貴的意外醫療或是住院醫療，有哪一個保險可以賠給他五十萬的醫療費用？幾乎是沒有。

所以，出國的時候，在醫療的部分（意外醫療、海外突發病醫療）要特別加強；希望大家能多多注意到這項旅遊平安保險的功能。

15

汽車「第三人責任險」的重要性！

幾乎有車的人都曾買過汽車保險。但我看過幾千張汽車保險的內容，沒有一張是買對的。買錯的情形比我們個人的人身保險比例還高！錯誤的程度幾乎是99％。

汽車保險大致可分為：

1. **強制第三人責任保險**（賠給對方）
2. **車體險**（賠自己車子的毀損）
3. **竊盜險**
4. **任意第三人責任保險**（賠對方的人跟財物）
5. **其他**——乘客、駕駛人、零件、颱風、地震、洪水……等等，小型的附約保險。

車險買錯，大家都不知道

為什麼說大家的車險都買錯呢？因為每位車主都太愛護自己的車子，深怕自己的車子有什麼毀損的情形，所以都只注重車體險。反而對第三人責任險幾乎都是買得不夠，要不然就是沒有買。

為什麼會這樣？因為大家都太相信自己的開車技術，認為自己不會發生車禍，也不會把對方撞得很嚴重；要不然就是汽車業務員沒有特別強調這一點。反而一直強調，萬一自己車子毀損，可透過車體險幫我們修車；如果車子被偷，可以透過竊盜險賠一台車。

可是在最重要的第三人責任保險部分，都不大強調。原因是為什麼？這跟我們人身保險是一樣的，就是第三人責任保險保費很低，相對的佣金也低，這是完全扭曲保險精神的一種奇怪現象。

任意第三人責任保險用最白話的說法，就是駕駛朋友在開車時，如果有過失責任，不小心把受害者撞成：死亡、殘廢或醫療……等狀況時，且責任在於駕駛本身的話，保險公司就會協助加害人（駕駛人），賠償給受害人金錢上的補償。

最重要的，卻最被忽略的險種

為什麼我會說這個險種是車險裡面最重要的，卻最被忽略的一塊？因為我們開車撞到的行人、機車駕駛……等等，大部分都是「肉包鐵」，一旦被汽車撞上，撞擊力非常大。重則死亡、殘廢，輕則可能也需要一些必要的醫療，或是短暫的時間不能上班。那麼，這個時候第三人責任險如果額度買得不夠高，就沒有辦法合理的賠給對方，到時可能就必須自掏腰包。

一般人認為有強制險就可以，其實強制險它的額度是賠給對方一個人死亡、殘廢最高二百萬元，再加二十萬的醫療費用。按照現今的社會氛圍來看，如果一個人真的不小心被撞成身故或殘廢，二百萬是絕對不夠賠的。自從強制險實施之後，受害者對這個求償的金額，也逐年的水漲船高。

換一個角度來看，若是我們被別人撞成殘廢或身故，你覺得二百萬元夠嗎？相同的道理，如果今天受害者是被我撞到，對方的家人會只認為二百萬元的強制險理賠就夠了嗎？所以，第三人責任險就是補強制險不足的部分。

那要加買到多少才夠呢？個人認為，每個人應該要加到一千萬元左右。加上強制險的二百萬，就是一千二百萬元。依目前法院曾執行的案例，是還可以勉強應付的。

「第三人責任險」的重要性

大家認為第三人責任險，如果買到一個人一千萬的保障，保費會不會很貴？其實，大概只要二千多元就可以了，二千多元的保費捨不得，卻寧願花二至十萬元的費用，去買車體保險？就算今天車子被偷，或是被撞壞，以一輛國民車來看的話，大概損失一百萬。痛個三、五年就過去了。可是今天如果把一個人撞成殘廢或身故，那可能會是一輩子的痛。

目前法院上判決的依據，大概是以四大方向來做為理賠的參考（以三十歲的受害者為例）——

1. **喪失工作的損失**：若以受害者年薪四十萬元來計算，法院會計算他可勞動的時間到六十五歲。四十萬乘上三十五（六十五減三十）年，則喪失工作的損失金額約一千四百萬元。

2. **安養照顧費**：可怕是殘廢！因為殘廢有時還要多一項照顧的費用。如果一個月三萬元的照顧費，計算到七十五歲；三十六萬乘上四十五年，大需要一千六百二十萬元。

3. **精神慰助費**：這部分就依受害者的狀況而標準不一。

4. **醫療費**：實報實銷，當受害者有健保身分時，這或許是花費最小的。

所以奉勸開車的朋友，甲式、乙式、丙式車體險、竊盜險，雖然重要，但是這些投保順序絕對不是排在第一優先。第三人責任保險，低保費、高保障，保護受害者的生命尊嚴，也保障我們自己的財產。

也許我們這一輩子，保險、理財都規劃得很好，也累積些許小錢。但當某天開車不小心撞到人，那這一輩子所辛苦賺來的錢，瞬間就化為烏有。

大家要重新檢視自己的保單，除了政府辦的強制險是一定要保的之外，最最最重要的就是第三人責任保險。至於其他的車體險（甲、乙、丙式）、竊盜檢……等，絕對不是車險中最重要的選項。第三人責任保險是保護自身的財產，尊重且照顧被我們不小心撞到的受害者，是利己也利他人的必備保險險種。

16

兒童的保險規劃

我發現不論是在網上發問，或是親自來諮詢的保戶，大概十個之中有三到四個會問這樣的問題：「要不要幫家裡的小朋友買保險？」

買保險的首要重點

首先，個人一直都認為，保險一定是要買的，但有個重點大家一定要謹記：買保險時，必須先把家中主要的經濟支柱、經濟來源者（可能是爸爸、也可能是媽媽），他的保險一定要買足、買高，有多餘的錢之後，再來買小孩子的保險。

千萬別反過來，先買小孩子的保險之後，才來買大人的保險，這是一個很嚴重的錯誤。我們愛自己的伴侶、愛自己的孩子，應該是先把自己的保險買到很高、很夠，然後受益人填上他們的名字，這樣才是最正確的。

若是反過來，伴侶或小孩買得很足，而自己身上一個保險也沒有，就完全不符合保險的精神、價值和原則。

兒童保險規劃一年期就夠用

接下來，我們來談談幫小朋友規劃保險的內容。我在幫保戶規劃孩子的保單，會保的險種大致上和一般的保險業務員差不多，最大的差別，只在於坊間的保險業務員建議保的大都是終身型的，而我通常會建議保「一年期、定期」的。

這兩者的差別在哪裡呢？在於保費的高低。一年期或定期的險種，所有保費加起來通常大概是新台幣五千多元上下，終身型的保險則多半都是一、二萬元起跳。而這一、二萬元，通常都是這個也買、那個也買，很多雜七雜八的險種都加進去，感覺雖都買齊，但每一項買得保障卻都不夠，這點一定要注意。

兒童保險的內容規劃

關於一年期兒童保險的規劃內容，大概會包含：意外險、意外醫療、重大燒燙傷、癌症險、住院醫療。其中最貴的，一般來說是「住院醫療型」的保險（請參考106頁的附表）。我們會發現若總保費為五千多元，一年期「住院醫療保險」

的保費大約是二千多元，總保費約占三分之一左右。

這時大家就會想，住院醫療型保險的理賠也不多，一天只理賠一千到二千元不等，就算住五天也只拿到五千至一萬元，其實對家人的幫助不是特別大。若是這樣的話，想拿掉住院醫療的話，保費就便宜多了。

- **癌症險**
- **意外險**
- **重大燒燙傷險**
- **意外醫療**

以上這四個保險總數加一加，總保費大約三千多元就足夠。（住院醫療在前面的文章〈「終身住院醫療」保險需要買嗎？〉有提到，大家可以重新複習一下。而「實支實付的醫療險」也是相同的道理。）

但小朋友年紀小的時候，較容易生病，父母總是會擔心，沒買覺得不安心，一年期的住院醫療險就可從出生開始買起，等小朋友長到學齡後，較不容易生病住院，就可以將住院醫療險拿掉，重新規劃。

還是老話一句，要先將大人自己的三大保險買夠、買高後，再來規劃小朋友的保險才是最實在的做法。

15 歲以下〈幼童保險〉組合

險種	一歲男	七歲男	一歲女	七歲女
二十年期 終生壽險（主約） 十五歲前，只賠殘障	1800	2020	1570	1770
一年期 住院醫療保險（附約） 理賠要收據正本	2150	2150	2150	2150
一年期 癌症險（附約） 最高可買六個單位	236 x 6	93 x 6	222 x 6	84 x 6
一年期 二百萬意外險（附約） 十五歲前，只賠殘廢	220	220	220	220
一年期 三萬意外醫療險 （附附約） 收據副本可	445	445	445	445
一年期 重大燒燙傷一百萬 （附附約）	120	120	120	120
總計	6145	5513	5847	5209

17

各族群的保險規劃

不管是剛出社會的新鮮人、小資男、小資女、銀髮族、不婚族……等，要怎麼規劃自己的保險內容呢？

我還是那句話：先將意外險、癌症險、壽險買到夠、買到足，再來考慮其他的險種。

不同的年紀，不同的保險結構

當然，每個族群的保險結構還是會有些許的不同。譬如說：剛出社會的新鮮人通常都是用機車代步，這時候意外險的比例就要高一些，最好是買到五百萬以上，以應付一些通勤時發生的事故。而年輕時較少有癌症或重大醫療的問題，所以癌症險就以一、二個單位為主。

等到了三十、四十歲左右時，也許小有成就，可能不再騎機車，而是開車，這時候的保費結構就可以再調整，相對將癌症險和壽險拉高。因為經醫學研究發現，男性一過三十五、六歲，女性一過三十歲，身體的狀況就開始向下走、慢慢開始變老，這時候意外險、癌症險和壽險的保障，也都相對的重要。

請先記得一個大原則：養老不能只靠保險，保險是幫你承擔風險，想規畫養老金，必須要靠其他的理財管道才行。

不婚族的規劃

如果你是個不婚族，可能會覺得光買消耗型壽險不划算，因為一旦身故之後，也沒有家累，那筆保險理賠金會覺得好像都沒用到。

但要提醒的是，意外險、壽險，並不是死亡才有理賠，而是萬一發生事故，造成殘障的不幸狀況時，也會有理賠。也許你是不婚族，無懼身故，若有意外殘廢或生重大傷病時，必須有人幫忙照料受傷的身體時，怎麼辦？之前有個新聞報導，有位任職科技公司的小姐，外出買便當，就被車撞成重殘，還記得嗎？

一年期壽險的保障範圍，就不論是生病或意外造成的身故及全殘都有理賠（請詳閱〈爭議小、保障完整的「一年期壽險」〉）。

買保險是不能養老的

有位開工廠的朋友，他的女兒得到紅斑性狼瘡，後來變成植物人，一躺就躺三十年。雖然有家人照顧，但這沉重的負擔讓家人都快喘不過氣。

各位讀者朋友，買保險時，尤其是買意外險和壽險，絕不要忽視殘廢部分的給付，而且這二種保險有個優點，可以一次領取全部的保險金，領回之後，自己要怎麼用都可以，但還是強調，最好要買到五百萬以上，甚至一千萬元，才算是真正的保險。

至於養老的部分，可以用定存或買基金的方式，先存一筆錢後，再試試房地產、單筆基金……等。但是想用買保險，來當養老金，這是非常錯誤的觀念。

18

養老問題要趁年輕時弄懂

幾乎每個來找我諮詢保險的人，也都一定會問一個問題：「劉先生你都叫我們不要買住院醫療險、不要買終身型的壽險、不要買終身醫療保險、不要買投資型保單……道理我也懂了。可是我們老了以後，會常有病痛，又沒有保險怎麼辦？」

其實我在跟很多朋友討論保險時，我一開始就會強調——保險公司賣的商品不是萬能的，它並不是什麼狀況都可以理賠的。

重大醫療險一定要保嗎？

讀者們都會因為考量以後老年化的問題，就買了這個險、買那個險，但是很多人只買了它的「名稱」，但不曉得它的理賠內容，是不是真的能保障你的老年生活品質。

以醫療險來說，大家擔心老了以後難免會生病，會經常用到醫療服務，就買了醫療保險。我之前也提過，你所期待的「醫療」和保險公司賣的醫療險，其中有非常非常大的落差！

因為你很害怕將來得了重大疾病，會需要龐大的醫藥費，你就買了很多重大疾病險。可是你所認為的重大疾病跟保險公司賣的重大疾病險又不太一樣。

保險公司的重大疾病險，需注意有「重大」兩個字。舉個例子，心肌梗塞是要有心肌酶異常、心電圖異常，還有典型的胸部疼痛，同時具備有這三項的檢驗報告之後，才可以去申請重大疾病的理賠金。

往往很多人送到醫院之後，可能吃個藥就好，或者也有些人不幸往生了，由於並沒有同時做這三項檢查，就不能獲得理賠。更何況重大疾病險理賠的項目只有幾項疾病，萬一不是那幾項疾病也就不賠囉。

老了到底要靠什麼？

「這個不賠、那個不賠，那我老了以後怎麼辦？」

我的回答是：「怎麼辦？靠自己啊。不要忘記了，你自己也是一個很好的保險公司，只是你的保險公司和商業的保險公司不一樣。」

有些事情你可以自己承擔，比方說金額較小的一些醫療、較小的金額損失，你可以自己承擔，自己做保險，但是老了以後怎麼辦？靠保險公司，基本上是沒有100％絕對安全的。可是老年化的問題，真的是非常非常嚴重。

台灣的失智人口大概已經突破了二十萬人。需要長期照顧的人口差不多也到五、六十萬人的門檻，越來越嚴重。在馬路上看到很多外籍朋友用輪椅推著阿公阿嬤去看病、各地方的火車站也有很多外籍勞工朋友，不用我講各位也很清楚。

這些外勞朋友除了一部分是到工廠工作，但有很大的比例是做家庭照護，或者在安養機構工作的。為什麼外勞人數這麼多？因為有市場需求嘛！

如果年輕時，你的理財觀念是正確的，用便宜的保費去買了一個高額的保險，經過二、三十年之後，也許都平安無事，是不是就可以有更多的預算去做其他投資？

如果你的保險預算原來一年是繳二十萬元，可是你現在買對了保險，一年只要繳二、三萬元，不就多出十幾萬的額度可以做其他的投資。

選擇適合的投資最穩當

在這麼多投資的商品裡，包括：股票、基金、期貨、黃金、古董……等等，其實這些投資，對我個人來講，我都不太喜歡，但是不代表這些產品不好，是因為我不懂那些投資商品，我比較看得到的是——房地產。

但我並不是要教導很多朋友要去用房地產炒樓，是因為我們繳了便宜的保險費之後，就有多餘的錢去做買房子頭期款的準備。早點買房和不買房的人，理財習慣和財富規劃都會有很大的不同。所以，我的心得——買房可以養老，也可以治病！它正好能夠彌補保險功能無法顧及之處。

BOX

小資族買保險的建議順序

機車族 30 歲男性

1. 意外險，保障 500 萬——保費大約 3500 元
2. 一年期壽險，保障 300 萬——保費大約 5000 元
3. 癌症險，保障 2 單位（癌症住院一天理賠 3000 元）——保費大約 600 元

機車族 30 歲女性

1. 意外險，保障 500 萬——保費大約 3500 元
2. 一年期壽險，保障 300 萬——保費大約 2000 元
3. 癌症險，保障 2 單位（癌症住院一天理賠 3000 元）——保費大約 1500 元

40 ～ 50 歲男性

1. 意外險，保障 1 千萬——保費大約 7000 元
2. 一年期壽險，保障 500 萬——保費大約 27000 元
3. 癌症險，4 個單位——保費大約 5000 元

40 ～ 50 歲女性

1. 意外險，保障 1 千萬——保費大約 3500 元
2. 一年期壽險，保障 500 萬——保費大約 12000 元
3. 癌症險，4 個單位——保費大約 8000 元

19

沒錢繳保費？別輕易解約！

許多人因為聽信業務員的鼓吹，買了一堆保費高的儲蓄險，結果因為收入減少或負擔增加，而繳不起保費。

坊間有許多因為繳不起保費而想提前解約的例子，許多人在買保險時，都未經過慎重的規劃，當經濟壓力逐漸增加時，就覺得保費是沉重的負擔，決定提前解約。

但是，如果你是在二〇〇〇年之前繳的保單，千萬不要隨便解約，真的就太不划算。以下有幾個方式可以幫你繳保費：

保單借款（限有現金價值的險種）

利用保單來貸款，手續非常簡單，如果是本人可以親自到保險公司辦理，大概只要十分鐘就可以拿到貸款，不需要任何的手續費及保證人。

如此一來，這份儲蓄保單就可以繼續保留，不會白白的損失，一旦經濟狀況好轉之後，可以隨時將費用補回去，不僅能夠解一時之用，也可以保留這份保單的價值，是一個兩全其美的方法。

唯一要注意的是，如果經濟狀況無法很快獲得改善，向保險公司所借的錢，恐怕會利上加利，一直累積上去。

自動墊繳保費（限有現金價值的險種）

如果只是一時繳不出保險費，可以向保險公司申請自動墊繳。這個方法和申請保單借款差不多，只是借款的時候，可以拿到比較多的現金，而自動墊繳保費的方式，只能用來繳交今年或明年的保險費而已，直到解約金用完為止，而且也是要付利息給保險公司。

減額繳清（限有現金價值的險種）

如果原來所購買的保單繳費是二十年期，因為特殊的狀況而繳不起時，可以和保險公司洽談，將繳費期限縮短或者中止繳費，不過保障也會大幅縮減。這也是一種折衷方式。

展期保險（限有現金價值的險種）

如果你不想要保障降低，也不想要再繼續繳交保險費，那麼原來終身一百萬的保險，可以將它變成定期保險。

它的好處是保障不會降低，也不必再繳保費，只不過原來是終身型的，會轉換成一定期限的定期壽險。

部分解約

可以向保險公司申請原來的保險降低保障金額；相對的，以後繳交保險費也跟著減少，因為它只是部分解約。至於要解除合約當中的多少比例，必須視客戶所繳交的保費能力多寡。

轉換保險契約

原來是儲蓄型的保險，可以轉換成另一種壽險契約，但是各家保險公司的做法不同，必須向保險公司問清楚之後，再做轉換的動作，同時也須視被保險人的身體狀況，是不是適合做保險契約的轉換動作。

這些方法都比解除契約來得划算，千萬不要因為一時的慌張，而輕易解除保險合約，否則就虧大了。切記！如果經濟許可，絕不輕言做任何解約的動作。

後記

人生投資也是另一種保險金

曾有位讀者在我出版《小資保險王》後，寫一封信，大意是：很認同、喜歡書中所言的保險精神，可是很排斥在內容中提到人生中必須要買房子的事情。他認為這是在鼓勵房市投資、圖利財團。

我想許多年輕人都誤會了。因為現在台灣的房價居高不下，讓許多年輕人望「房」興嘆，放棄買房一事；甚至人生沒有目標了，整個人都萎靡、不想存錢。

我是覺得人生除了保險外，也要有另外的保障，而投資就是一種保障。那什麼樣的投資算是保障呢？

我會鼓勵投資房地產，是因為一般大眾都不太有時間去研究股票趨勢、看盤，哪支基金好、是漲是跌。坊間許多投資都需要花很多時間、心力去做功課和追蹤的，相較之下，房地產就穩定也簡單許多。

房子就是一個殼，選定後就不需要太費時間、心力去追盤，漲跌也不大，這樣的投資較能保值。所以，我才會一直強調，對不懂得股市、基金……等投資的人來說，最好的保值投資就是買房子；而且最好一生中要買到兩間房，一間自住、一間純投資保值、養老用，甚至當保險來用。

有些人又會說：現在房地產都那麼貴，我們根本沒有閒錢可以買房子呀！這時，我就要問了：大家在假日時都在做些什麼事呢？最多的回答是：平常都那麼忙，假日時當然就是休閒、放鬆、遊玩。

不過，大家有沒有想過，你這一放鬆遊玩，可能就把手上的錢都用光，成了月光族，沒有閒錢存下來，甚至買房子。我並不是說不能遊樂，而是要會計劃，留下一些錢和時間，去存錢及看房子。

其實，房地產並不是一定都像媒體報導那樣昂貴，也有便宜的。這些較便宜的房子就是須花時間看。以我個人來說，當銀行定存累積到一、二百萬的時候，我就會和關係好的仲介人員去看房子，也會上網去找。花點時間就能找到便宜的房子。

當然，買房子就是先求有再求好。買第一間房子，就先別要求要非常新、地段好、機能優，我們要的是房子的保值功能，將來年紀大時、生重病時能夠快速變現，讓自己有一筆錢可以養老、治病。等到買第一間房子後，再有閒錢去買第二間，才有機會追求更好。

總而言之，年輕的時候將我書中所說的三大保險買到足。然後，存錢做保值型的投資，我個人最建議、最容易入門的保值投資，就是買房子。其實我這也是在改變各位對保險的觀念。

大家總以為，保險指的就是保險公司所販賣的險種商品，但是這些險種並不是什麼都賠，如果你遇到不理賠的狀況時，該怎麼辦呢？這時候你平日所投資、可以機動運用的錢，就是你的保險金。

所以，投資也是一種保險，但這種保險一定要是保值高、獲利穩定的，也因此，我才會大推買房子。

還是那句老話，求人不如求己，當你的基礎保險都買夠，就要懂得存錢投資，為自己存下更多的保障。想想看，有很多人活到八十幾歲，沒有大病痛，但是需要人來照顧時，這時哪個保險會理我們？最後，還不是靠自己最實在。

附錄：保險公司網站一覽表

三商美邦人壽	http://www.mli.com.tw
中國人壽	http://www.chinalife.com.tw
台銀人壽	http://www.twfhclife.com.tw/Pages/Default.aspx
台灣人壽	https://www.taiwanlife.com
中華郵政公司壽險處	http://www.post.gov.tw/post/internet/Insurance/
保誠人壽	http://www.pcalife.com.tw
南山人壽	http://www.nanshanlife.com.tw
新光人壽	http://www.skl.com.tw
富邦人壽	http://invest.fubonlife.com.tw/w/life.htm
遠雄人壽	http://www.fglife.com.tw
宏泰人壽	http://www.hontai.com.tw
安聯人壽	http://www.allianz.com.tw
安達人壽	https://life.chubb.com/tw-zh/
保德信國際人壽	http://www.prulife.com.tw
國際康健人壽	http://www.cigna.com.tw
法國巴黎人壽	http://www.cardif.com.tw
國泰人壽	http://www.cathaylife.com.tw
朝陽人壽	http://www.cylife.com.tw/
全球人壽	http://www.transglobe.com.tw/transglobe-web
第一金人壽	http://www.first-aviva.com.tw/
合作金庫人壽	http://www.tcb-life.com.tw/
友邦人壽	http://www.aia.com.tw/zh-tw/index.html
蘇黎世國際人壽	https://life.zurich.com.tw/
元大人壽	http://www.yuantalife.com.tw/Web/Index.aspx?AspxAutoDetectCookieSupport=1

台灣產物保險	http://www.tfmi.com.tw
兆豐產物保險	http://www.cki.com.tw
富邦產物保險	http://tran.518fb.com
和泰產物保險	http://www.hotains.com.tw/
泰安產物保險	http://www.taian.com.tw
明台產物保險	http://www.mingtai.com.tw
南山產物保險	http://www.nanshangeneral.com.tw/
第一產物保險	https://www.firstins.com.tw
旺旺友聯產物保險	https://www.wwunion.com/index.aspx
新光產物保險	http://www.skinsurance.com.tw
華南產物保險	http://www.south-china.com.tw
國泰產物保險	https://www.cathay-ins.com.tw/insurance/
新安東京海上產物保險	http://www.tmnewa.com.tw
台壽保產物保險	https://www.tlg-insurance.com/
美國國際產物保險	http://www.aig.com.tw/
科法斯產物保險	http://www.coface.com.tw/
安達產物保險	https://www2.chubb.com/tw-zh/
亞洲保險	http://www.asiainsurance.com.tw/
法國巴黎產物保險	https://www.cardif.com.tw/rd/default.php

國家圖書館出版品預行編目 (CIP) 資料

小資族如何簡單買保險：易學、易懂、不吃虧的投保技巧大公開 / 劉鳳和作 . -- 初版 . -- 新北市：文經社，2017.05
面；　公分 . -- (富翁系列 ; 18)
ISBN 978-957-663-757-5(平裝)

1. 保險 2. 保險規劃

563.7　　106005422

文經社

富翁系列 018

小資族如何簡單買保險

易學、易懂、不吃虧的投保技巧大公開

作　　者 — 劉鳳和
主　　編 — 謝昭儀
副 主 編 — 連欣華
校　　對 — 劉鳳和、連欣華、謝昭儀
美術設計 — 游萬國
出 版 社 — 文經出版社有限公司

〈總社・業務部〉
地　　址 — 241 新北市三重區光復一段 61 巷 27 號 8 樓之 3 (鴻運大樓)
電　　話 — (02)2278-3158、(02)2278-3338
傳　　真 — (02)2278-3168
E - mail — cosmax27@ms76.hinet.net

法律顧問 — 鄭玉燦律師
電　　話 — (02)291-55229

發 行 日 — 2017 年 5 月 初版一刷
　　　　 — 2023 年 6 月 初版七刷
定　　價 — 新台幣 250 元

Printed in Taiwan